| | | |
|---|---|---|
| 六〇三 | | 冠位十二階《かんいじゅうにかい》が制定《せいてい》される |
| 六〇四 | | 十七条《じゅうしちじょう》の憲法《けんぽう》が発布《はっぷ》される |
| 六〇五 | | 聖徳太子《しょうとくたいし》が斑鳩宮《いかるがのみや》へうつりすむ |
| 六〇七 | | 七月《がつ》、小野妹子《おののいもこ》が遣隋使《けんずいし》として隋《ずい》に派遣《はけん》される |
| 六〇八 | | 四月《がつ》、隋《ずい》の使者《ししゃ》である裴世清《はいせいせい》をともない、帰国《きこく》する<br>九月《がつ》、裴世清《はいせいせい》の帰国《きこく》とともに、留学生《りゅうがくせい》をつれてふたたび隋《ずい》へわたる |
| 六〇九 | | 隋《ずい》より帰国《きこく》する |
| 六一四 | | 犬上御田鍬《いぬかみのみたすき》らが隋《ずい》にわたる |
| ？ | ？ | なくなった年《とし》や場所《ばしょ》など、くわしいことは不明《ふめい》<br>最後《さいご》の冠位《かんい》は、十二階最高《じゅうにかいさいこう》の大徳《だいとく》 |

## この本《ほん》について

『よんで しらべて 時代《じだい》がわかる ミネルヴァ日本《にほん》歴史人物伝《れきしじんぶつでん》』シリーズは、日本《にほん》の歴史上《れきしじょう》のおもな人物《じんぶつ》をとりあげています。

前半《ぜんはん》は史実《しじつ》をもとにした物語《ものがたり》になっています。有名《ゆうめい》なエピソードを中心《ちゅうしん》に、その人物《じんぶつ》の人生《じんせい》や人《ひと》がらなどを楽《たの》しく知《し》ることができます。

後半《こうはん》は解説《かいせつ》になっていて、人物《じんぶつ》だけでなく、その人物《じんぶつ》が生《い》きた時代《じだい》のことも紹介《しょうかい》しています。物《もの》語《がたり》をよんだあとに解説《かいせつ》をよめば、より深《ふか》く日本《にほん》の歴史《れきし》を知《し》ることができます。

歴史《れきし》は少《すこ》しにがてという人《ひと》でも、絵本《えほん》をよんで楽《たの》しく学《まな》ぶことができます。歴史《れきし》に興味《きょうみ》がある人《ひと》は、解説《かいせつ》をよむことで、さらに歴史《れきし》にくわしくなれます。

### ■解説《かいせつ》ページの見《み》かた

人物《じんぶつ》についてくわしく解説《かいせつ》するページと時代《じだい》について解説《かいせつ》するページがあります。

文中《ぶんちゅう》の青《あお》い文字《もじ》は、31ページの「用語解説《ようごかいせつ》」で解説《かいせつ》しています。

写真《しゃしん》や地図《ちず》など理《り》解《かい》を深《ふか》める資料《しりょう》をたくさんのせています。

「もっと知《し》りたい！」では、その人物《じんぶつ》にかかわる博物館《はくぶつかん》や場所《ばしょ》、本《ほん》などを紹介《しょうかい》しています。

「豆《まめ》ちしき」では、人物《じんぶつ》のエピソードや時代《じだい》にかんする基礎知識《きそちしき》などを紹介《しょうかい》しています。

よんでしらべて時代がわかる
ミネルヴァ日本歴史人物伝

# 海をわたった古代の外交官 小野妹子《おののいもこ》

監修 山岸良二
文 西本鶏介
絵 宮本えつよし


もくじ




ミネルヴァ書房

# 隋《ずい》の皇帝《こうてい》をおこらせた国書《こくしょ》

日本《にほん》ではじめての女性天皇《じょせいてんのう》である推古天皇《すいこてんのう》の摂政《せっしょう》となった聖徳太子《しょうとくたいし》はこれまでにない国《くに》づくりをめざしました。豪族《ごうぞく》が力《ちから》をもつ国《くに》ではなく、天皇《てんのう》を中心《ちゅうしん》とした国家《こっか》をつくり、外《がい》国《こく》と対等《たいとう》につきあえるようにするためです。

そこで摂政《せっしょう》となって七年目《ねんめ》の六〇〇年《ねん》、隋《ずい》の都《みやこ》・長安《ちょうあん》へ第《だい》一回目《かいめ》の遣隋使《けんずいし》をおくりました。ところが、きちんとした政治制度《せいじせいど》もない未熟《みじゅく》な国《くに》として相手《あいて》にされず、国交《こっこう》もむすべませんでした。そこで、聖徳太子《しょうとくたいし》は家柄《いえがら》でなく、能力《のうりょく》によって役人《やくにん》になれる「冠位《かんい》十二《じゅうに》階《かい》」の制度《せいど》をつくり、人《ひと》がまもるべき道徳《どうとく》をしめした「十七条《じゅうしちじょう》の憲法《けんぽう》」を発布《はっぷ》しました。

これで隋《ずい》の国《くに》からばかにされることもないはずです。また、隋《ずい》の皇帝《こうてい》・煬帝《ようだい》は朝鮮半島《ちょうせんはんとう》の高句麗《コグリョ》への侵略《しんりゃく》をくわだてていて、日本《にほん》を味方《みかた》にしたいと考《かんが》えているはずです。

（いまこそ隋《ずい》と国交《こっこう》をむすぶのに絶好《ぜっこう》の機会《きかい》である。そうなればわが国《くに》の国際的地位《こくさいてきちい》を一気《いっき》に高《たか》めることができる。ではその遣隋《けんずい》使《し》をだれにすべきか。）

思《おも》いなやんでいた太子《たいし》の耳《みみ》に近江国滋賀郡《おうみのくにしがごおり》（いまの滋賀県大津市《しがけんおおつし》）の豪族《ごうぞく》、小野氏《おのし》のひとりである妹子《いもこ》のうわさがとどきました。小《お》野妹子《ののいもこ》は大礼《たいれい》（冠位十二階《かんいじゅうにかい》で上《うえ》から五番目《ばんめ》の位《くらい》）で、学問《がくもん》にすぐれ、豪胆《ごうたん》で、船《ふね》にもくわしいというのです。

よびだしをうけた小野妹子《おののいもこ》は、ただちに聖《しょう》徳太子《とくたいし》のいる斑鳩宮《いかるがのみや》にかけつけました。

「遣隋使《けんずいし》として国書《こくしょ》（国《くに》の代表者《だいひょうしゃ》の手紙《てがみ》）をとどけてもらいたい。」

太子《たいし》のことばをきいたとたん、妹子《いもこ》は思《おも》わずからだがふるえました。ずっと、国《くに》のためにはたらきたいとねがってきた妹子《いもこ》でしたが、これほど大《おお》きな役目《やくめ》をさずかるとは想像《そうぞう》もできませんでした。しかもあこがれの太子《たいし》からの命令《めいれい》です。

「隋《ずい》の国《くに》と対等《たいとう》につきあうようになれば、朝《ちょう》鮮半島《せんはんとう》の国《くに》ぐにとのつきあいもうまくいく。進《すす》んだ文化《ぶんか》をもちかえれば、わが国《くに》の文化《ぶんか》も発展《はってん》する。」

太子《たいし》のことばが胸《むね》にしみていきます。

「わかりました。いのちにかえても、この大役《たいやく》をやりとげてまいります。」

妹子《いもこ》はきっぱりといいました。

六〇七年《ねん》七月《がつ》、小野妹子《おののいもこ》の一行《いっこう》をのせた船《ふね》は難波《なにわ》（大阪《おおさか》）の港《みなと》から出発《しゅっぱつ》して、いったん筑紫《つくし》（九州《きゅうしゅう》）の港《みなと》へ行《い》き、そこから隋《ずい》の国《くに》へとむかいました。壱岐《いき》・対馬《つしま》をへて朝鮮半島《ちょうせんはんとう》の百済《ペクチェ》に着《つ》き、黄海《こうかい》をわたって隋《ずい》の都《みやこ》・長安《ちょうあん》をめざします。

といっても、板《いた》をはりあわせた四、五十人《にん》のりの船《ふね》で、帆《ほ》は稲《いね》のわらをあんだものです。しかも風《かぜ》をたよりにして数週間《すうしゅうかん》もかけて目的《もくてき》地《ち》へたどりつくのですから、それこそ運《うん》まかせでいのちがけの船旅《ふなたび》でした。

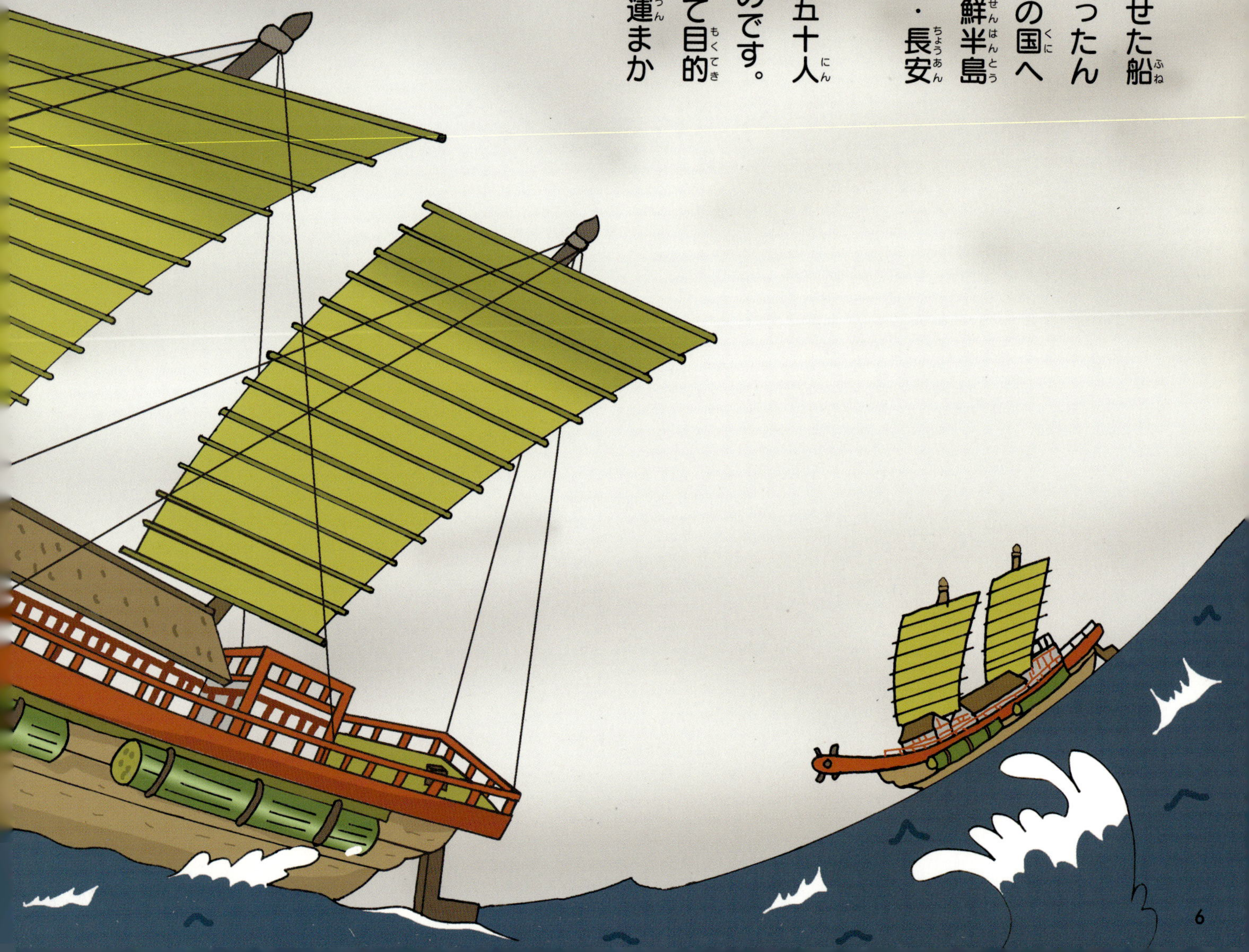

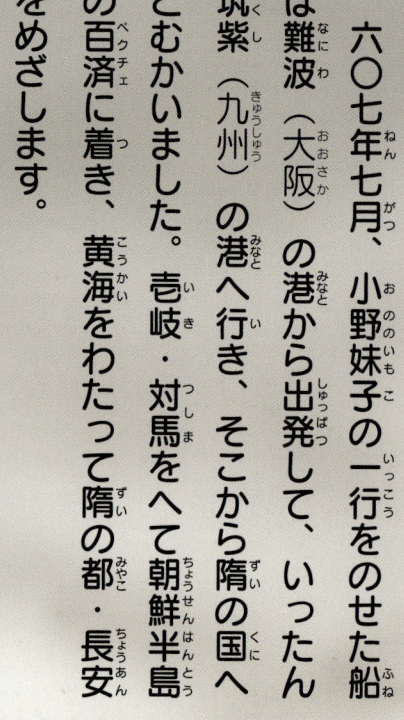

それでも無事《ぶじ》に長安《ちょうあん》に着《つ》いた小野妹子《おののいもこ》はともをひきつれ、皇帝《こうてい》のいる宮殿《きゅうでん》にむかいました。きくと見《み》るでは大《おお》ちがい。隋《ずい》の都《みやこ》は日本《にほん》とくらべようもなく大《おお》きくて、はなやかなまちでした。宮殿《きゅうでん》のなかはこれまた目《め》を見《み》はるほどのごうかさで、巨大《きょだい》な柱《はしら》がたちならび、広《ひろ》びろとした部屋《へや》のかべにはみごとなほりものがきざんでありました。

石《いし》だたみの上《うえ》にしかれたじゅうたんの上《うえ》を進《すす》んでいくと、大《おお》きくてりっぱな玉座《ぎょくざ》があり、皇帝《こうてい》の煬帝《ようだい》がすわっていました。その両側《りょうがわ》にはおなじ服《ふく》を着《き》た役人《やくにん》がずらりとならんでいます。

「倭国《わこく》（日本《にほん》のむかしの名前《なまえ》）からの使者《ししゃ》、小野妹子《おののいもこ》です。」

一行《いっこう》を案内《あんない》してきた役人《やくにん》がいいました。妹《いも》子《こ》はうやうやしく頭《あたま》をさげ、聖徳太子《しょうとくたいし》からあずかった国書《こくしょ》をさしだしました。うけとった役人《やくにん》は、通訳《つうやく》にわたして、よみあげるようにうながしました。

「日出《ひい》づるところの天子《てんし》から日《ひ》しずむところの天子《てんし》におくる。おかわりはなきや。」

そのとたん、煬帝《ようだい》の顔《かお》がみるみるけわしくなり、大声《おおごえ》でいいました。

「日《ひ》しずむところの天子《てんし》とはなんたる無礼《ぶれい》、ちっぽけな未開《みかい》の倭国《わこく》の王《おう》が、大帝国《だいていこく》の天《てん》子《し》にむかっていうことばか！」

しーんとして、だれもなにもいいません。

（ここであわててはならない。）

妹子《いもこ》はひざまずいたまま、じっと煬帝《ようだい》を見《み》あげていました。相手《あいて》が皇帝《こうてい》であっても、国《くに》のほこりをすててまでへつらうわけにはいきません。

（もし、殺《ころ》されるなら、いさぎよく殺《ころ》されよう。）

妹子《いもこ》はかくごを決《き》めました。

平然《へいぜん》とかまえている妹子《いもこ》を見《み》て煬帝《ようだい》もいささかばつがわるくなり、気《き》をしずめていいました。

「とおいところを大儀《たいぎ》であった。ゆっくりしていくがよい。」

高句麗《コグリョ》との戦《たたか》いになれば、たとえ相手《あいて》が小《ち》さな国《くに》でも味方《みかた》にしておくほうが得《とく》だと気《き》がついたのです。おつきの役人《やくにん》にうながされて、妹子《いもこ》がいいました。

「皇帝《こうてい》さまのお心《こころ》づかい、ありがとうございます。わが国《くに》は小《ちい》さくまずしい国《くに》ですが、仏教《ぶっきょう》をまもり、文化《ぶんか》をたいせつにする心《こころ》はどこの国《くに》にも負《ま》けません。わたしたちに隋《ずい》の国《くに》のすぐれた政治《せいじ》や文化《ぶんか》を学《まな》ばせてください。」

妹子《いもこ》のていねいなあいさつにすっかりきげんをなおした煬帝《ようだい》は、妹子《いもこ》たちを外国《がいこく》の要人《ようじん》をとめる館《やかた》に案内《あんない》するよう命《めい》じました。

翌年《よくとし》、妹子《いもこ》が日本《にほん》へもどるとき、煬帝《ようだい》は隋《ずい》からの返礼《へんれい》の使者《ししゃ》として、裴世清《はいせいせい》という役人《やくにん》とそのとも十二人《にん》を同行《どうこう》させました。隋《ずい》の皇帝《こうてい》が気《き》にくわない国書《こくしょ》をうけとったばかりでなく、返礼《へんれい》の使者《ししゃ》までおくってきたのですから聖徳太子《しょうとくたいし》や朝廷《ちょうてい》の役人《やくにん》たちは大《おお》よろこびです。

使者《ししゃ》を歓迎《かんげい》するため、難波《なにわ》の港《みなと》にかざりたてた船《ふね》を三十そうも出《だ》し、使者《ししゃ》たちをむかえる迎賓館《げいひんかん》までたてました。そして、だれもが小野妹子《おののいもこ》の遣隋使《けんずいし》としての仕事《しごと》をほめたたえました。

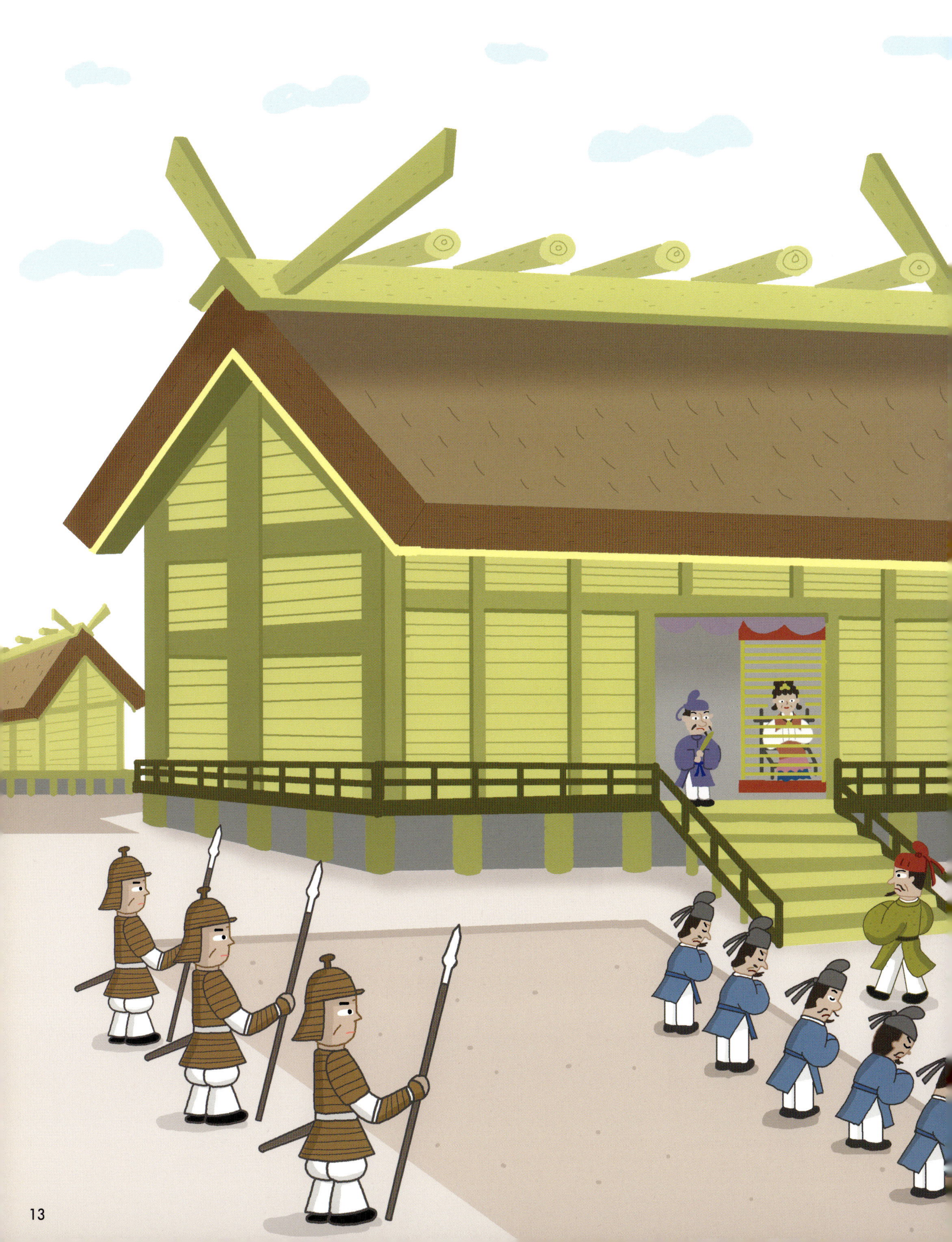

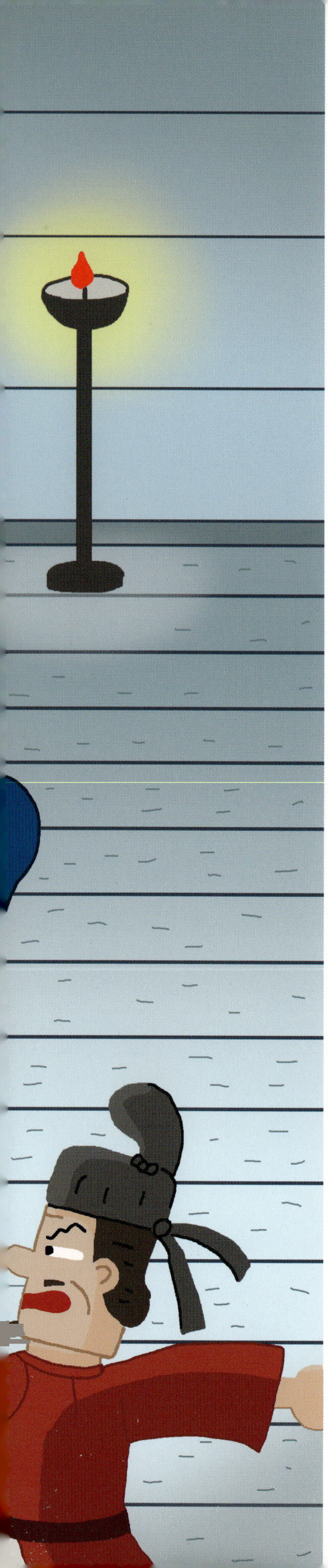

ところが、こまったことがおきました。小《お》野妹子《ののいもこ》が煬帝《ようだい》からあずかってきた日本《にほん》の朝廷《ちょうてい》への返書《へんしょ》（返事《へんじ》）を帰国《きこく》のとちゅうでなくしてしまったというのです。もし、そのことがおおやけになれば妹子《いもこ》の罪《つみ》はまぬかれません。返書紛失《へんしょふんしつ》を知《し》った反太子派《はんたいしは》の役人《やくにん》たちが妹子《いもこ》を罰《ばっ》せよとせまりました。しかし、妹子《いもこ》は本当《ほんとう》に返書《へんしょ》を紛失《ふんしつ》したのでしょうか。太子《たいし》が白羽《しらは》の矢《や》をたてたような人物《じんぶつ》が、そんなへまをするはずはありません。

　くわしいことは不明《ふめい》ですが、じつはその返《へん》書《しょ》には日本《にほん》を見《み》くだしたことばがあちこちにかかれていたので、妹子《いもこ》がみずからの判断《はんだん》でやぶりすててしまったといわれています。いかに国交《こっこう》をむすぼうと、日本《にほん》は隋《ずい》にとってとるにたらない国《くに》です。属国《ぞっこく》あつかいをされてもしかたのないことです。

　しかし、日本《にほん》は日出《ひい》づる国《くに》として国書《こくしょ》をわたしたのです。いまさらそんな失礼《しつれい》な返書《へんしょ》を、おたがいさまだからと朝廷《ちょうてい》にさしだすわけにはいきません。隋《ずい》からの返礼《へんれい》の使者《ししゃ》がきて大《おお》よろこびしている人《ひと》たちを、がっかりさせることができなかったのです。

斑鳩宮《いかるがのみや》によばれた小野妹子《おののいもこ》は、聖徳太子《しょうとくたいし》の前《まえ》に両手《りょうて》をつき、

「とんでもないふしまつをしてしまいました。いかなる罰《ばつ》もあまんじておうけいたします。」

と、いうばかりで、なぜ国書《こくしょ》をなくしたのか、ひとことのいいわけもしませんでした。すべてお見《み》とおしの聖徳太子《しょうとくたいし》には妹子《いもこ》の胸《むね》のうちがわかっていました。自分《じぶん》だって隋《ずい》の皇帝《こうてい》が腹《はら》をたてるのを承知《しょうち》で「日出《ひい》づるところの天子《てんし》から日《ひ》しずむところの天子《てんし》へ」とかいたのですから。

「隋《ずい》の使者《ししゃ》がおくられてきたのは国交《こっこう》をむすんだもおなじ、いまさら国書《こくしょ》などなくてもかまわぬ。それよりみごとに役目《やくめ》をはたしてくれたそなたに感謝《かんしゃ》する。」

といって、太子《たいし》は心《こころ》から妹子《いもこ》の苦労《くろう》をねぎらいました。

その年《とし》の九月《がつ》、帰国《きこく》する裴世清《はいせいせい》とともにふたたび遣隋使《けんずいし》として中国《ちゅうごく》へわたった妹子《いもこ》は前回《ぜんかい》にもまして煬帝《ようだい》のあたたかいもてなしをうけました。ところでこのときの国書《こくしょ》のはじまりは「東《ひがし》の天子《てんし》より西《にし》の天子《てんし》へ申《もう》しあげる」とかいてあったそうです。

妹子《いもこ》はゆっくりと長安《ちょうあん》の都《みやこ》を見《み》てまわりました。まちは広《ひろ》くにぎやかで、あちこちにすばらしい建物《たてもの》がたっています。そんなまちの風景《ふうけい》を見《み》るたび、日本《にほん》もはやく隋《ずい》のようになってほしいと思《おも》いました。そのためにはこれからも聖徳太子《しょうとくたいし》の手足《てあし》となってはたらきたいとねがいました。もし、太子《たいし》から遣隋使《けんずいし》にえらばれなければ、近江国《おうみのくに》で平凡《へいぼん》な一生《いっしょう》を終《お》えたかもしれないのです。太子《たいし》のねがいどおり日本《にほん》は隋《ずい》や朝鮮半島《ちょうせんはんとう》の諸国《しょこく》に負《ま》けないりっぱな国家《こっか》として発展《はってん》していかなくてはなりません。

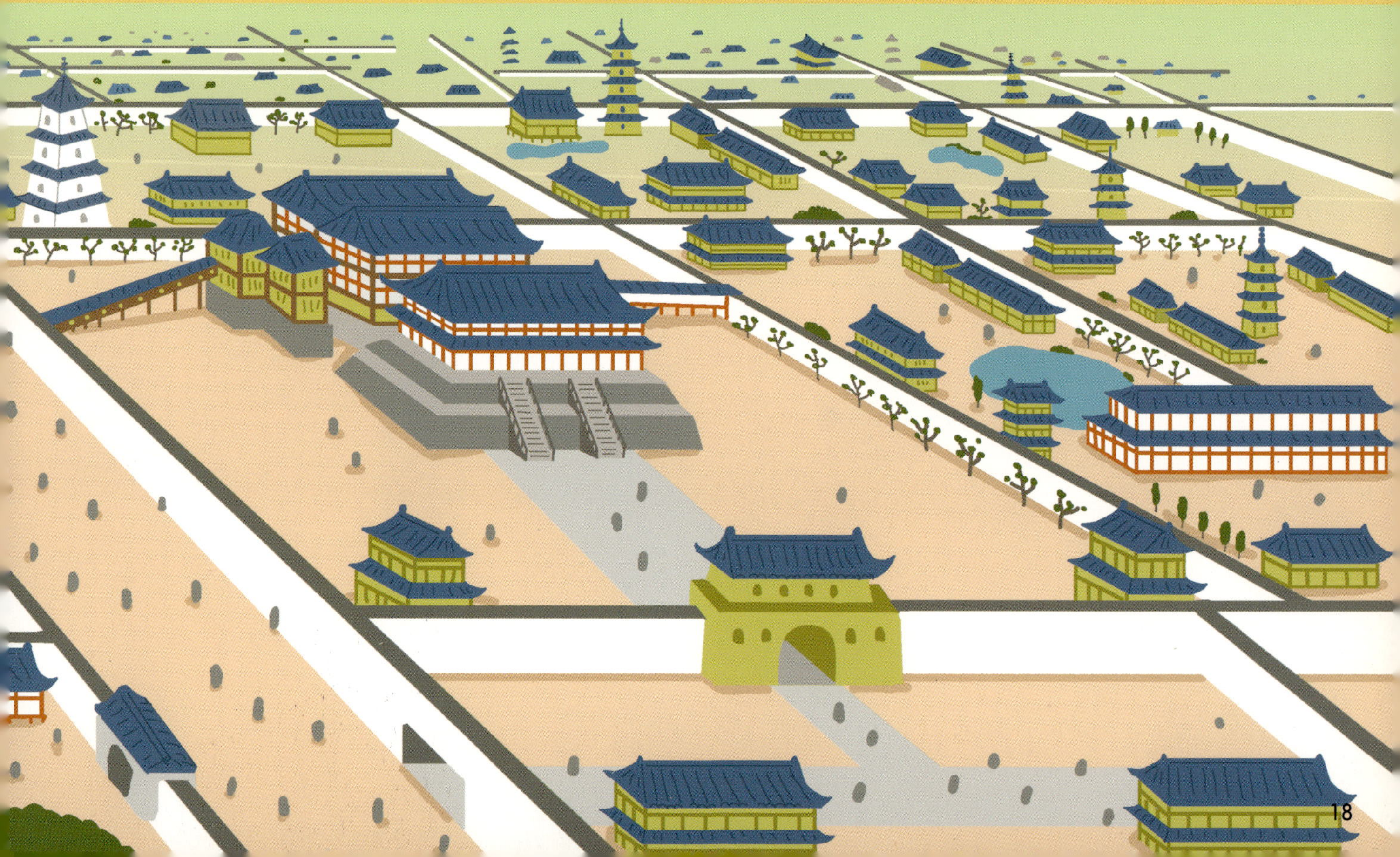

今回《こんかい》、いっしょに中国《ちゅうごく》へ来《き》た留学生《りゅうがくせい》の高《たか》向玄理《むこのくろまろ》、南淵請安《みなぶちのしょうあん》、僧旻《そうみん》などはのちに国博《くにのはか》士《せ》（政治家《せいじか》の相談役《そうだんやく》）として活躍《かつやく》した人《ひと》たちで、約《やく》二十年《ねん》も中国《ちゅうごく》にとどまって、学問《がくもん》や政治《せいじ》のしくみを学《まな》んでいます。

ちなみに隋《ずい》の国《くに》は建国《けんこく》から三十年《ねん》ほどでほろび、その後《ご》、唐《とう》の王朝《おうちょう》にかわります。小野《おのの》妹子《いもこ》は二回目《かいめ》の遣隋使《けんずいし》のときもわずか一年《ねん》で帰国《きこく》していますが、この三十年間《ねんかん》に遣隋使《けんずいし》は実《じつ》に六回《かい》もおくられています。小野妹子《おののいもこ》とともに隋《ずい》へわたった玄理《くろまろ》、請安《しょうあん》、僧旻《そうみん》などは、やがてつぎつぎと日本《にほん》へもどり、中臣鎌足《なかとみのかまたり》や中大兄皇子《なかのおおえのおうじ》のおこなった大化《たいか》の改新《かいしん》のあとで、学者《がくしゃ》や役人《やくにん》としてはたらいています。

小野妹子《おののいもこ》は生《う》まれた年《とし》もなくなった年《とし》も不《ふ》明《めい》で、二回《かい》の遣隋使《けんずいし》をつとめたあと、どんな仕事《しごと》をしたのかもよくわかっていません。『日本書紀《にほんしょき》』や『隋書倭国伝《ずいしょわこくでん》』という本《ほん》に六〇七年《ねん》の遣隋使《けんずいし》をつとめたときの記録《きろく》がのこっているだけです。

しかし、小野妹子《おののいもこ》は飛鳥時代《あすかじだい》に活躍《かつやく》した日《に》本《ほん》のすぐれた外交官《がいこうかん》であり、また、大化《たいか》の改《かい》新《しん》の先《さき》がけとなる政治環境《せいじかんきょう》をつくりあげた人《じん》物《ぶつ》として、わすれることができません。

朝廷《ちょうてい》にも遣隋使《けんずいし》としての仕事《しごと》をみとめられ、冠位十二階《かんいじゅうにかい》のうちで大徳《だいとく》という最高《さいこう》の位《くらい》をあたえられたほどです。

大阪府南河内郡太子町《おおさかふみなみかわちぐんたいしちょう》にある聖徳太子《しょうとくたいし》の墓《はか》のちかくには、小野妹子《おののいもこ》の墓《はか》があります。また、滋賀県大津市《しがけんおおつし》にも妹子《いもこ》の墓《はか》といわれる唐《から》臼山古墳《うすやまこふん》があり、古墳《こふん》の前《まえ》に妹子神社《いもこじんじゃ》がたてられています。

# 小野妹子《おののいもこ》ってどんな人《ひと》？

**遣隋使《けんずいし》として活躍《かつやく》した小野妹子《おののいもこ》は、どういう人物《じんぶつ》だったのでしょうか。**

## 天皇《てんのう》と蘇我氏《そがし》の対立《たいりつ》

小野妹子《おののいもこ》は、近江国《おうみのくに》滋賀郡《しがごおり》小野村《おののむら》（滋賀県大津市《しがけんおおつし》）の豪族《ごうぞく》（ある地方《ちほう》で大《おお》きな勢力《せいりょく》をもっている一族《いちぞく》）、小野《おの》氏《し》に生《う》まれた人物《じんぶつ》です。生《う》まれた年《とし》はわかっていません。

当時《とうじ》の朝廷《ちょうてい》では、大臣《おおおみ》（天皇《てんのう》の補佐《ほさ》をする役職《やくしょく》）の蘇我氏《そがし》が強大《きょうだい》な権力《けんりょく》をほこっていました。蘇我馬子《そがのうまこ》↓29ページは天皇《てんのう》をさしおいて政治《せいじ》をおこない、馬子《うまこ》をじゃまに思《おも》っていた崇峻天皇《すしゅんてんのう》を暗殺《あんさつ》してしまいます。

五九二年《ねん》、崇峻天皇《すしゅんてんのう》のつぎの天皇《てんのう》として、女性《じょせい》の推古天皇《すいこてんのう》↓29ページが即位《そくい》しました。また、推古天皇《すいこてんのう》を補佐《ほさ》するために、推古天皇《すいこてんのう》のおいである聖徳太子《しょうとくたいし》↓29ページが摂政《せっしょう》となりました。天皇《てんのう》側《がわ》では、海外《かいがい》にむけて倭国《わこく》（日本《にほん》のむかしのよびかた）の力《ちから》をしめすために、大国《たいこく》である隋《ずい》（いまの中国《ちゅうごく》）と国《こっ》交《こう》をひらき、文化《ぶんか》や学問《がくもん》などを吸収《きゅうしゅう》したいと考《かんが》えていました↓26・27ページ。

また、天皇《てんのう》が倭国《わこく》の王《おう》だと隋《ずい》にみとめてもらうことで、蘇我氏《そがし》に対《たい》する天《てん》皇《のう》の力《ちから》を強《つよ》めたいと思《おも》っていたとも考《かんが》えられます。そこで六〇〇年《ねん》、天皇《てんのう》は当時《とうじ》の隋《ずい》の皇帝《こうてい》、文帝《ぶんてい》に使者《ししゃ》をおくりました。このとき、文帝《ぶんてい》は使者《ししゃ》に、倭《わ》国《こく》の政治《せいじ》や生活《せいかつ》のようすをたずねました。そこで、倭国《わこく》の考《かんが》えかたは隋《ずい》の思《し》想《そう》とはちがっていることがわかりました。隋《ずい》の文化《ぶんか》や思想《しそう》がもっともすぐれていると考《かんが》えていた文帝《ぶんてい》は、倭国《わこく》は、まだまだ文化的《ぶんかてき》ではないから、あらためるようにと忠告《ちゅうこく》しました。

小野妹子《おののいもこ》の生《う》まれた年《とし》やなくなった年《とし》など、くわしいことはわかっていない。
(写真提供《しゃしんていきょう》：華道家元池坊総務所《かどういえもといけのぼうそうむしょ》)

## 日本国内《にほんこくない》の改革《かいかく》

その後《ご》の倭国《わこく》では、聖徳太子《しょうとくたいし》が中心《ちゅうしん》となり、推古天皇《すいこてんのう》を中心《ちゅうしん》とした政治体制《せいじたいせい》がしだいに整《ととの》えられていきます。六〇一年《ねん》、斑鳩《いかるが》（奈良県生駒郡斑鳩町《ならけんいこまぐんいかるがちょう》）で宮《みや》の建築《けんちく》がはじまりました。また、六〇三年《ねん》には、「冠位十二階《かんいじゅうにかい》」という制度《せいど》がはじまりました。これは、身分《みぶん》の上下《じょうげ》にかかわらず、功績《こうせき》によって高《たか》い位《くらい》につけるしくみです。それまでは、家柄《いえがら》のよい者《もの》だけが国《くに》の政治《せいじ》を動《うご》かしていましたが、この制度《せいど》によって、能力《のうりょく》があれば身分《みぶん》の低《ひく》い者《もの》も活躍《かつやく》できるようになりました。

六〇四年《ねん》には、仏教《ぶっきょう》や儒教《じゅきょう》の考《かんが》えかたをとりいれた法律《ほうりつ》「十七条《じゅうしちじょう》の憲法《けんぽう》」が制定《せいてい》されました。「和《わ》をたいせつにし、争《あらそ》わないこと」「仏教《ぶっきょう》をたいせつにすること」「天皇《てんのう》の命令《めいれい》にしたがうこと」「公平《こうへい》に裁判《さいばん》をおこなうこと」「人民《じんみん》からかってに税《ぜい》をとらないこと」など、役人《やくにん》の心《こころ》がまえがしめされたもので、聖徳太子《しょうとくたいし》が理想《りそう》としていた政治《せいじ》のすがたがあらわれています。

そして六〇七年《ねん》、ふたたび隋《ずい》へ使者《ししゃ》を派遣《はけん》することになりました。このとき、冠位十二階《かんいじゅうにかい》で上《うえ》から五番目《ばんめ》の「大礼《たいれい》」の位《くらい》をもっていた小野妹子《おののいもこ》が遣隋使《けんずいし》として、隋《ずい》の煬帝《ようだい》に国書《こくしょ》（国《くに》の代表者《だいひょうしゃ》の手紙《てがみ》）をわたす任務《にんむ》を命《めい》じられました。鞍作福利《くらつくりのふくり》という通訳《つうやく》もいっしょです。このころ、日本《にほん》からほかの国《くに》へ行《い》くには船《ふね》で海《うみ》をわたるしかなく、隋《ずい》へ行《い》くのはいのちがけの仕事《しごと》でした。しかも、大国《たいこく》・隋《ずい》の皇帝《こうてい》にあって国交《こっこう》をひらくことは、非常《ひじょう》に重要《じゅうよう》な任務《にんむ》です。地方《ちほう》の豪族出身《ごうぞくしゅっしん》で高貴《こうき》な身分《みぶん》ではないにもかかわらず、重要《じゅうよう》な役目《やくめ》をあたえられた妹子《いもこ》は、優秀《ゆうしゅう》で勇気《ゆうき》のある人物《じんぶつ》だったと考《かんが》えられます。

斑鳩宮《いかるがのみや》はのちに火事《かじ》で焼《や》けてなくなった。斑鳩宮《いかるがのみや》のあと地《ち》に奈良時代《ならじだい》にたてられた上宮王院《じょうぐうおういん》は、平安時代《へいあんじだい》に法隆寺《ほうりゅうじ》の一部《いちぶ》の東院伽藍《とういんがらん》となった。写真《しゃしん》は東院伽藍《とういんがらん》の夢殿《ゆめどの》。（写真提供《しゃしんていきょう》：奈良県観光協会《ならけんかんこうきょうかい》）

遣隋使《けんずいし》のたどった道《みち》

7世紀《せいき》はじめごろの地図《ちず》。8世紀《せいき》になり、朝鮮半島《ちょうせんはんとう》との関係《かんけい》が悪《わる》くなると、航路《こうろ》も東《ひがし》シナ海《かい》を横断《おうだん》するものへとかわっていった。

## 隋《ずい》の皇帝《こうてい》をおこらせる

妹子《いもこ》たち遣隋使《けんずいし》は、都《みやこ》である飛鳥《あすか》（いまの奈良県高市郡明日香村《ならけんたかいちぐんあすかむら》）を出発《しゅっぱつ》して難波津《なにわづ》から瀬戸内海《せとないかい》をとおり、九州《きゅうしゅう》、朝鮮半島《ちょうせんはんとう》をへて隋《ずい》の長安《ちょうあん》にいたったとされています。妹子《いもこ》が皇帝《こうてい》・煬帝《ようだい》にさしだした国書《こくしょ》には、「日出《ひい》づるところの天子《てんし》、書《しょ》を日没《ひぼっ》するところの天子《てんし》にいたす。つつがなきや（日《ひ》がのぼる国《くに》の天子《てんし》［推古天皇《すいこてんのう》］より、日《ひ》がしずむ国《くに》の天子《てんし》［煬帝《ようだい》］にお手紙《てがみ》をおくります。お元気《げんき》ですか）。」とありました。煬帝《ようだい》はこれを見《み》て、おこりました。「天子《てんし》（天下《てんか》をおさめる者《もの》）」と名《な》のれるのは、世界《せかい》で煬帝《ようだい》ただひとりとされていたのです。

それが、小《ち》さな国《くに》である倭国《わこく》の王《おう》が、煬帝《ようだい》とおなじ「天子《てんし》」を名《な》のっているのです。しかし妹子《いもこ》は、無事《ぶじ》に帰国《きこく》することをゆるされたうえ、裴世清《はいせいせい》という返礼《へんれい》の使者《ししゃ》まで派遣《はけん》してもらいました。

遣隋使《けんずいし》や初期《しょき》の遣唐使《けんとうし》が、大陸《たいりく》へわたるときにのったと考《かんが》えられる船《ふね》の模型《もけい》。（写真提供《しゃしんていきょう》：博多港《はかたこう》ベイサイドミュージアム）

そのころ隋《ずい》は、朝鮮半島《ちょうせんはんとう》の高句麗《コグリョ》（高句麗《こうくり》）をせめる計画《けいかく》をたてていたので、倭国《わこく》となかよくしておこうと考《かんが》えたのだといわれています。

## 隋《ずい》の返書《へんしょ》をなくす

六〇八年《ねん》、裴世清《はいせいせい》とともに妹子《いもこ》が帰国《きこく》すると、倭国《わこく》はかざり船《ぶね》三十そうを出《だ》して盛大《せいだい》に出《で》むかえました。また、裴世清《はいせいせい》のために新《あたら》しい迎賓館《げいひんかん》もたてられました。煬帝《ようだい》は「皇帝《こうてい》、倭王《わおう》を問《と》う（皇帝《こうてい》［煬帝《ようだい》］から日本《にほん》の王《おう》［推古天皇《すいこてんのう》］にたずねます）。」からはじまる返書《へんしょ》を妹子《いもこ》にあずけました。ところが、帰国《きこく》のときにひとつの事件《じけん》がありました。百済《ペクチェ》（百済《くだら》）にたちよった際《さい》、妹子《いもこ》が煬帝《ようだい》からあずかった返書《へんしょ》を百済人《くだらじん》にうばわれたというのです。当然《とうぜん》、妹《いも》子《こ》はその責任《せきにん》を問《と》われ、流刑《るけい》にされそうになります。しかし、隋《ずい》の使者《ししゃ》に知《し》られてもこまると、推古天皇《すいこてんのう》は妹子《いもこ》をゆるしました。この返書《へんしょ》の内容《ないよう》はわかりませんが、倭国《わこく》を隋《ずい》よりも下《した》に見《み》て、隋《ずい》と対等《たいとう》であるようなかきかたであった倭国《わこく》の国書《こくしょ》を非難《ひなん》するものだったと考《かんが》えられます。そのため、妹子《いもこ》が機転《きてん》をきかせてうそをついたのだという説《せつ》もあります。

## その後《ご》の遣隋使《けんずいし》

おなじ年《とし》、隋《ずい》へもどる裴世清《はいせいせい》とともに、妹子《いもこ》はふたたび遣隋使《けんずいし》として派遣《はけん》されました。今度《こんど》は、渡来人《とらいじん》の子孫《しそん》である高向玄理《たかむこのくろまろ》、僧旻《そうみん》、南淵請安《みなぶちのしょうあん》など、八人《にん》の留学生《りゅうがくせい》や僧《そう》がいっしょです。妹《いも》子《こ》は翌年《よくとし》に帰国《きこく》しましたが、留学生《りゅうがくせい》たちは二十年《ねん》以上《いじょう》も中国《ちゅうごく》に滞在《たいざい》し、学問《がくもん》や仏教《ぶっきょう》、進《すす》んだ国家《こっか》のしくみ（律令《りつりょう》制《せい》）について学《まな》びました。帰国後《きこくご》は学《まな》んできたことを豪族《ごうぞく》たちに教《おし》え、のちに日本《にほん》の政治《せいじ》を大《おお》きくかえた「大化《たいか》の改新《かいしん》」に貢献《こうけん》しました。

最後《さいご》の遣隋使《けんずいし》は、六一四年《ねん》におくられました。このときは妹子《いもこ》は行《い》かず、犬上御田鍬《いぬかみのみたすき》や矢田部造《やたべのみやつこ》らが派遣《はけん》されました。四年後《ねんご》の六一八年《ねん》には隋《ずい》がほろびましたが、遣隋使《けんずいし》はそののちに建国《けんこく》した唐《とう》に使者《ししゃ》を派遣《はけん》する遣唐使《けんとうし》となり、日本《にほん》と唐《とう》の交流《こうりゅう》はつづきました。

妹子《いもこ》がなくなった年《とし》はわかっていませんが、遣隋使《けんずいし》としての功績《こうせき》をみとめられ、なくなるころには冠位十二階《かんいじゅうにかい》の最高位《さいこうい》である「大徳《だいとく》」までのぼりつめました。

大阪府南河内郡太子町《おおさかふみなみかわちぐんたいしちょう》にある、小野妹子《おののいもこ》の墓《はか》。
(写真提供《しゃしんていきょう》：太子町教育委員会《たいしちょうきょういくいいんかい》)

豆《まめ》ちしき

### 遣隋使《けんずいし》を派遣《はけん》した回数《かいすう》

遣《け》隋使《ずいし》を派遣《はけん》した回数《かいすう》は、正確《せいかく》にはわかっていません。のこっている中国《ちゅうごく》と日本《にほん》の歴史書《れきししょ》によって、記録《きろく》にくいちがいがあるからです。どの歴史《れきし》書《しょ》を正《ただ》しいとするかで、遣隋使《けんずいし》の回数《かいすう》はかわってきます。現在《げんざい》では少《すく》なくても三回《かい》、多《おお》くて六回《かい》ぐらいとされています。六〇〇年《ねん》の遣隋使《けんずいし》の記録《きろく》は、中《ちゅう》国《ごく》の歴史書《れきししょ》である『隋書《ずいしょ》』の、日本《にほん》についてかかれた部分《ぶぶん》（倭国《わこく》伝《でん》）に出《で》てきます。『日本《にほん》書紀《しょき》』にはじめて出《で》てくる遣隋使《けんずいし》の記録《きろく》は、小野妹子《おののいもこ》が国書《こくしょ》をたずさえていった六〇七年《ねん》のものです。そのほか、上《うえ》の表《ひょう》のような記録《きろく》があります。

| 出発年《しゅっぱつねん》 | 帰国年《きこくねん》 | 使者《ししゃ》 | 記録《きろく》にある歴史書《れきししょ》 |
|---|---|---|---|
| 600 | 不明《ふめい》 | 不明《ふめい》 | 隋書倭国伝《ずいしょわこくでん》 |
| 607 | 608 | 小野妹子《おののいもこ》・鞍作福利《くらつくりのふくり》ら | 日本書紀《にほんしょき》、隋書倭国伝《ずいしょわこくでん》 |
| 608 | 不明《ふめい》 | 不明《ふめい》 | 隋書煬帝紀《ずいしょようだいき》 |
| 608 | 609 | 小野妹子《おののいもこ》・高向玄理《たかむこのくろまろ》・僧旻《そうみん》・南淵請安《みなぶちのしょうあん》ら | 日本書紀《にほんしょき》、隋書倭国伝《ずいしょわこくでん》 |
| 610 | 不明《ふめい》 | 不明《ふめい》 | 隋書煬帝紀《ずいしょようだいき》 |
| 614 | 615 | 犬上御田鍬《いぬかみのみたすき》・矢田部造《やたべのみやつこ》ら | 日本書紀《にほんしょき》 |

# 小野妹子《おののいもこ》が生《い》きた
# 飛鳥時代《あすかじだい》

**日本《にほん》は、東《ひがし》アジアの国《くに》ぐにとの交流《こうりゅう》のなかで国家《こっか》としてかたちを整《ととの》えてきました。**

## 東《ひがし》アジア諸国《しょこく》の関係《かんけい》

古代《こだい》の東《ひがし》アジアでは、中国《ちゅうごく》を頂点《ちょうてん》とする冊封関係《さっぽうかんけい》がつくられていました。これは、中国《ちゅうごく》の皇帝《こうてい》がまわりの国《くに》ぐにの君主《くんしゅ》と、形式的《けいしきてき》に主従関係《しゅじゅうかんけい》をむすぶしくみです。

中国《ちゅうごく》では、文明《ぶんめい》の進《すす》んだ中国《ちゅうごく》は世界《せかい》の中心《ちゅうしん》であり、その文化《ぶんか》や考《かんが》えは世界《せかい》でもっともすぐれていると考《かんが》えられていたのです（中華思想《ちゅうかしそう》）。まわりの国《くに》は、中国《ちゅうごく》の領地《りょうち》になるわけではありませんが、中国《ちゅうごく》にみつぎものをします（朝貢《ちょうこう》）。

そのかわり、中国《ちゅうごく》の皇帝《こうてい》は朝貢《ちょうこう》をした君主《くんしゅ》に位《くらい》をあたえ、その国《くに》を統治《とうち》することをみとめます。中国《ちゅうごく》に君主《くんしゅ》とみとめられれば、その人物《じんぶつ》は中国《ちゅうごく》をうしろだてにして自分《じぶん》の国《くに》で大《おお》きな力《ちから》をもつことができます。

また、国《くに》としても中国《ちゅうごく》にまもられるので、まわりの国《くに》にせめこまれるおそれも少《すく》なくなります。朝貢《ちょうこう》を通《つう》じて、漢字《かんじ》や仏教《ぶっきょう》などが共通《きょうつう》の文化《ぶんか》として東《ひがし》アジアに広《ひろ》がっていきました。

### おもな朝貢品《ちょうこうひん》と下賜品《かしひん》

**●日本《にほん》からの朝貢品《ちょうこうひん》**

銀《ぎん》、メノウ、あしぎぬ（目《め》のあらい絹織物《きぬおりもの》）、糸《いと》、綿《めん》、油《あぶら》、樹脂《じゅし》、和紙《わし》など

**●中国《ちゅうごく》からの下賜品《かしひん》**

錦《にしき》・絹製品《きぬせいひん》、ガラス・美術工芸品《びじゅつこうげいひん》、薬《くすり》・香料《こうりょう》、書物《しょもつ》・仏教《ぶっきょう》の経典《きょうてん》など

朝貢国《ちょうこうこく》が中国《ちゅうごく》の皇帝《こうてい》にみつぎものをさしだすと、皇帝《こうてい》からごうかな品物《しなもの》がわたされた（下賜《かし》）。写真《しゃしん》は錦《にしき》や中国《ちゅうごく》の楽器《がっき》など、皇帝《こうてい》から下賜《かし》された遣唐使船《けんとうしせん》の積《つ》み荷《に》（模型《もけい》）。（写真提供《しゃしんていきょう》：九州国立博物館《きゅうしゅうこくりつはくぶつかん》）

# 飛鳥《あすか》時代《じだい》の東《ひがし》アジア

五世紀《せいき》のはじめから六世紀《せいき》の終《お》わりにかけて、中国《ちゅうごく》は南《みなみ》と北《きた》に分裂《ぶんれつ》して争《あらそ》っていました（南北朝時代《なんぼくちょうじだい》）。それを統一《とういつ》したのが、五八一年《ねん》に建国《けんこく》された北朝《ほくちょう》の隋《ずい》です。当時《とうじ》、朝鮮半島《ちょうせんはんとう》には三つの国《くに》がありましたが、そのうち百済《ペクチェ》（百済《くだら》）と高句麗《コグリョ》（高句麗《こうくり》）は隋《ずい》が建国《けんこく》されてすぐ、新羅《シルラ》（新羅《しらぎ》）は隋《ずい》が五八九年《ねん》に中国《ちゅうごく》を統一《とういつ》したあとに使者《ししゃ》をおくって、隋《ずい》と冊封関係《さっぽうかんけい》をむすびました。

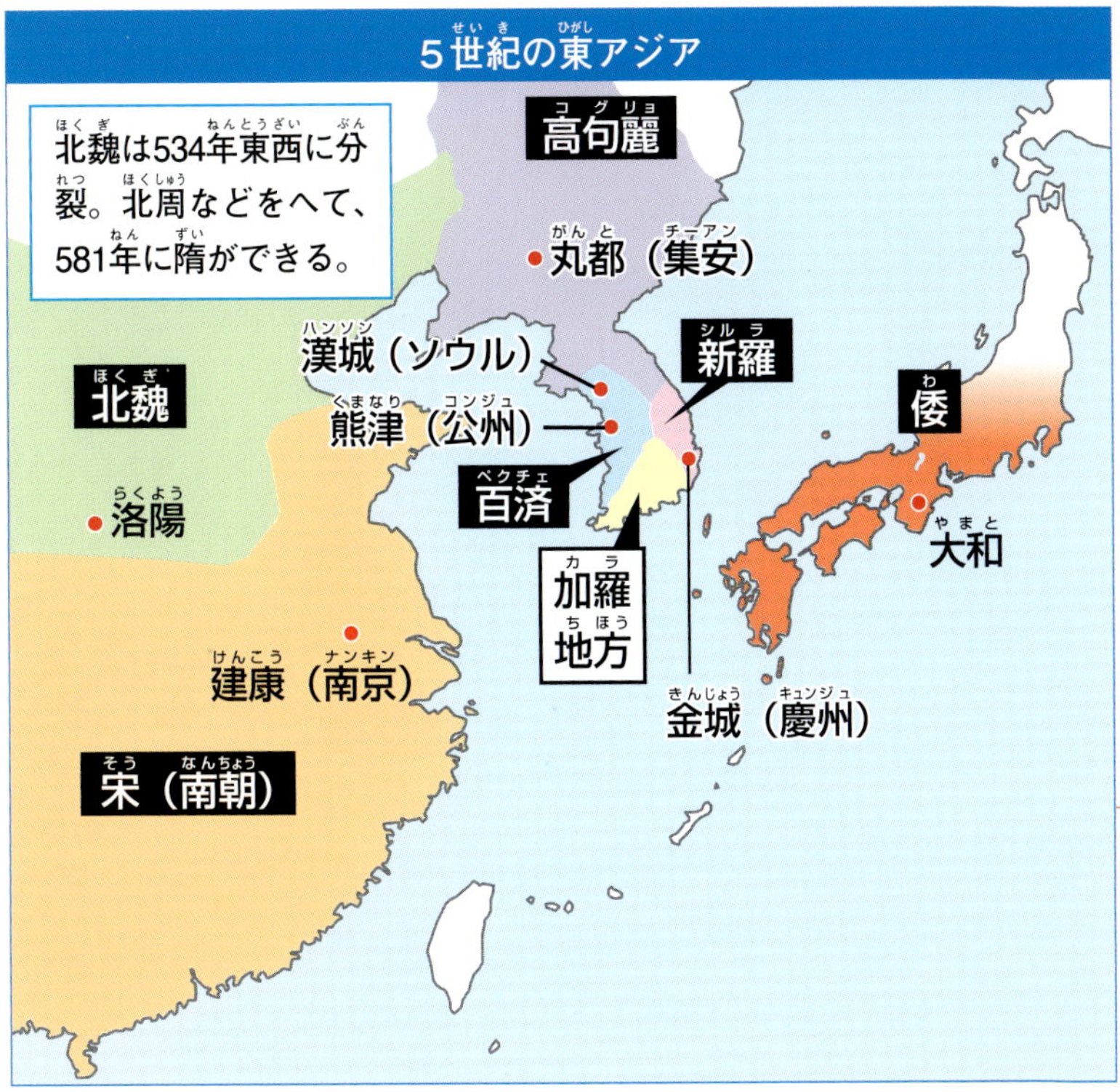


いっぽう、倭国《わこく》からは、五世紀《せいき》の終《お》わりに倭《わ》の五王《ごおう》が南朝《なんちょう》の国《くに》ぐにへ朝貢《ちょうこう》したのを最後《さいご》に、長《なが》いあいだ中国《ちゅうごく》への使者《ししゃ》がおくられていませんでした。

しかし、倭国《わこく》でも隋《ずい》との国交《こっこう》をひらく重要性《じゅうようせい》が高《たか》まりました。朝鮮半島《ちょうせんはんとう》の国《くに》ぐににたいする倭国《わこく》の力《ちから》を強《つよ》めたかったからです。

倭国《わこく》は、朝鮮半島南部《ちょうせんはんとうなんぶ》にある加羅《カラ》（任那《みまな》）地方《ちほう》の小《ちい》さな国《くに》ぐにに、強《つよ》い影響力《えいきょうりょく》をもっていました。しかし、のちに加羅《カラ》地方《ちほう》が新羅《シルラ》に併合《へいごう》されると、倭国《わこく》は朝鮮半島南部《ちょうせんはんとうなんぶ》からの利益《りえき》をえられなくなりました。そこで倭国《わこく》は、加羅地方《カラちほう》をめぐって新羅《シルラ》と争《あらそ》っていた百済《ペクチェ》と友好的《ゆうこうてき》な関係《かんけい》をむすびました。百済《ペクチェ》からは仏教《ぶっきょう》や儒教《じゅきょう》、すぐれた文化《ぶんか》や技術《ぎじゅつ》などがつたわりました。そして、東《ひがし》アジアでもっとも力《ちから》をもつ隋《ずい》となかよくすることでさらに優位《ゆうい》にたとうと、遣隋使《けんずいし》をおくることにしたのです。ただし、遣隋使《けんずいし》やのちにつづく遣唐使《けんとうし》は、朝貢《ちょうこう》のかたちをとってはいましたが、隋《ずい》・唐《とう》との冊封関係《さっぽうかんけい》はむすびませんでした。

奈良県《ならけん》にある古墳《こふん》から出土《しゅつど》した、たくさんの鉄《てつ》ののべ板《いた》。加羅地《カラち》方《ほう》でつくられたものとされている。（宮内庁書陵部所蔵《くないちょうしょりょうぶしょぞう》）

# 倭国《わこく》から日本《にほん》へ

倭国《わこく》が「日本《にほん》」という国号《こくごう》（国《くに》の正《せい》式名称《しきめいしょう》）になったのは、飛鳥時代《あすかじだい》のことだとされています。もともと「倭《わ》国《こく》」というのは、中国《ちゅうごく》につけられた名《な》前《まえ》でした。しかし、外国《がいこく》の文化《ぶんか》や制度《せいど》をとりいれ、国家《こっか》としてのかたちが整《ととの》ってくるにつれ、倭国《わこく》も国際社会《こくさいしゃかい》で対等《たいとう》につきあえる独立国《どくりつこく》であるという意識《いしき》が高《たか》まっていきました。

正式《せいしき》に「日本《にほん》」という国号《こくごう》が成立《せいりつ》した時期《じき》にはいろいろな説《せつ》がありますが、七〇二年《ねん》に派遣《はけん》された遣唐使《けんとうし》のころには、すでにさだまっていたと考《かんが》えられます。中国《ちゅうごく》の歴《れき》史書《ししょ》『旧唐書《くとうじょ》』の日本伝《にほんでん》（日《に》本《ほん》についてかかれた部分《ぶぶん》）に「その国《くに》が太陽《たいよう》ののぼる方向《ほうこう》にあるので『日本《にほん》』という名《な》をつけた。倭国《わこく》みずからが、自国《じこく》の名《な》前《まえ》が洗練《せんれん》されていないのをきらって『日本《にほん》』とあらためたそうだ」という記述《きじゅつ》があるからです。

七〇一年《ねん》に制定《せいてい》された**大宝律令《たいほうりつりょう》**でも、「日本《にほん》」という国号《こくごう》をもちいています。現在《げんざい》は、六八九年《ねん》につくられた**飛鳥浄御原令《あすかきよみはらりょう》**で法的《ほうてき》に確定《かくてい》したのではないかという説《せつ》が有力《ゆうりょく》です。

また、それまで「大王《おおきみ》」とよばれていた天皇《てんのう》のよびかたに「天皇《てんのう》」という文字《もじ》をつかうようになったのも、おなじ時期《じき》か、これより少《すこ》し前《まえ》の時期《じき》だと考《かんが》えられています。

「天皇《てんのう》」の文字《もじ》が見《み》える、奈《な》良県高市郡明日香村《らけんたかいちぐんあすかむら》の飛鳥《あすか》池遺跡《いけいせき》から出土《しゅつど》した木簡《もっかん》。７世紀後半《せいきこうはん》にはすでに「天《てん》皇《のう》」という表現《ひょうげん》がつかわれていた。（奈良文化財研究所所蔵《ならぶんかざいけんきゅうしょしょぞう》）

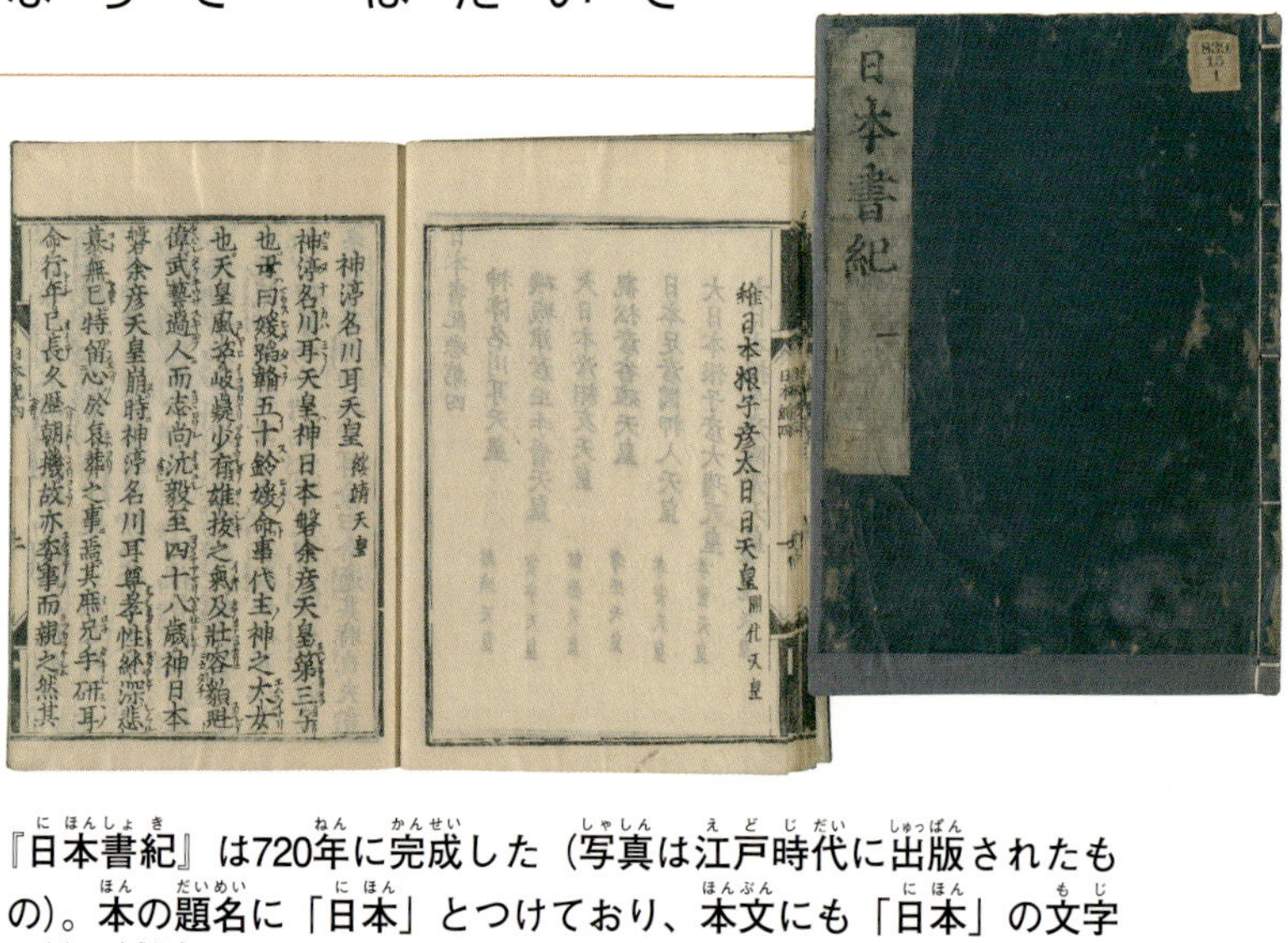

『日本書紀《にほんしょき》』は720年《ねん》に完成《かんせい》した（写真《しゃしん》は江戸時代《えどじだい》に出版《しゅっぱん》されたもの）。本《ほん》の題名《だいめい》に「日本《にほん》」とつけており、本文《ほんぶん》にも「日本《にほん》」の文字《もじ》が多《おお》く登場《とうじょう》する。（『日本書紀《にほんしょき》』1820年《ねん》　国立国会図書館所蔵《こくりつこっかいとしょかんしょぞう》）

## 小野妹子《おののいもこ》とおなじ時代《じだい》に生《い》きた人《ひと》びと

### 聖徳太子《しょうとくたいし》（五七四～六二二年《ねん》）

用明天皇《ようめいてんのう》と穴穂部間人皇女《あなほべのはしひとのおうじょ》の子《こ》とされる。おさないころは厩戸皇子《うまやとのおうじ》とよばれた。五九三年《ねん》に摂政《せっしょう》となり、蘇我馬《そがのうま》子《こ》と協力《きょうりょく》して政治《せいじ》をおこなった。天皇《てんのう》中心《ちゅうしん》の政治体制《せいじたいせい》をつくるため、冠位《かんい》十二階《じゅうにかい》や十七条《じゅうしちじょう》の憲法《けんぽう》などをさだめた。また、仏教《ぶっきょう》を深《ふか》く信仰《しんこう》し、四天王《してんのう》寺《じ》や法隆寺《ほうりゅうじ》を建立《こんりゅう》、仏典《ぶってん》の解説書《かいせつしょ》『三《さん》経義疏《ぎょうぎしょ》』をあらわしたりした。

### 推古天皇《すいこてんのう》（五五四～六二八年《ねん》）

日本《にほん》で最初《さいしょ》の女帝《じょてい》といわれる。父《ちち》は欽明天皇《きんめいてんのう》、母《はは》は蘇我稲目《そがのいなめ》のむすめ。おいの聖徳太子《しょうとくたいし》を摂政《せっしょう》にし、百済《ペクチェ》や隋《ずい》など外国《がいこく》の制度《せいど》や文化《ぶんか》をとりいれて、日《に》本《ほん》の政治改革《せいじかいかく》や飛鳥文化《あすかぶんか》の形成《けいせい》などをおこなった。

中央《ちゅうおう》が聖徳太子《しょうとくたいし》とつたえられている絵《え》。太子《たいし》の左手《ひだりて》が山背大兄王《やましろのおおえのおう》（聖徳太子《しょうとくたいし》のむすこ）、右手《みぎて》が殖栗皇子《えくりのおうじ》（聖徳太子《しょうとくたいし》の弟《おとうと》）といわれている。（「聖徳太子二王子像《しょうとくたいしにおうじぞう》」宮内庁所蔵《くないちょうしょぞう》）

大阪府南河内郡太子町《おおさかふみなみかわちぐんたいしちょう》にある、推古天《すいこてん》皇陵古墳《のうりょうこふん》。推古天皇《すいこてんのう》がほうむられたと考《かんが》えられている。
（写真提供《しゃしんていきょう》：太子町教育委員会《たいしちょうきょういくいいんかい》）

### 蘇我馬子《そがのうまこ》（？～六二六年《ねん》）

飛鳥時代《あすかじだい》に大《おお》きな権力《けんりょく》をもった豪《ごう》族《ぞく》。父《ちち》・稲目《いなめ》のあとをついで仏教《ぶっきょう》を信《しん》じ、物部氏《もののべし》とはげしく対立《たいりつ》した。物部《もののべ》氏《し》をほろぼしたあとは崇峻天皇《すしゅんてんのう》を暗殺《あんさつ》するなど、自分《じぶん》の思《おも》いどおりに政治《せいじ》を動《うご》かした。

奈良県高市郡明日香村《ならけんたかいちぐんあすかむら》の国営飛鳥歴史《こくえいあすかれきし》公園内《こうえんない》にある石舞台古墳《いしぶたいこふん》が、蘇我馬子《そがのうまこ》の墓《はか》といわれている。
（写真提供《しゃしんていきょう》：明日香村文化財課《あすかむらぶんかざいか》）

# もっと知《し》りたい！ 小野妹子《おののいもこ》

小野妹子《おののいもこ》ゆかりの場所《ばしょ》、飛鳥時代《あすかじだい》のことがわかる博物館《はくぶつかん》、小野妹子《おののいもこ》についてかかれた本《ほん》などを紹介《しょうかい》します。

- 史跡《しせき》 遺跡《いせき》
- 資料館《しりょうかん》 博物館《はくぶつかん》
- 小野妹子《おののいもこ》についてかかれた本《ほん》

## 唐臼山古墳《からうすやまこふん》

もうひとつの妹子《いもこ》の墓《はか》とされている古墳《こふん》。妹子《いもこ》の出身地《しゅっしんち》にある。古墳《こふん》の前《まえ》には小《お》野妹子《ののいもこ》神社《じんじゃ》があり、一帯《いったい》は小野妹子《おののいもこ》公園《こうえん》として整備《せいび》されている。

〒520-0531
滋賀県大津市水明《しがけんおおつしすいめい》1-28

小野妹子公園内《おののいもここうえんない》にある古墳《こふん》のようす。こわれた石《いし》室《むろ》が露出《ろしゅつ》している。(写真提供《しゃしんていきょう》：大津市観光振興課《おおつしかんこうしんこうか》)

## 大阪府立近《おおさかふりつちか》つ飛鳥博物館《あすかはくぶつかん》

妹子《いもこ》や聖徳太子《しょうとくたいし》の墓《はか》をはじめ、史跡《しせき》が多《おお》く集《あつ》まる大阪府南河内地方《おおさかふみなみかわちちほう》の博物館《はくぶつかん》。遣隋使《けんずいし》以前《いぜん》に中国《ちゅうごく》へ使者《ししゃ》をおくった倭《わ》の五王《ごおう》たちの時代《じだい》からはじまる、飛鳥時代《あすかじだい》の国際交流《こくさいこうりゅう》についての展示《てんじ》などがある。

〒585-0001
大阪府南河内郡河南町東山《おおさかふみなみかわちぐんかなんちょうひがしやま》299
☎0721-93-8321
http://www.chikatsu-asuka.jp/

いろいろな文様《もんよう》の古代《こだい》のかわらなど、飛鳥時代《あすかじだい》に花《はな》ひらいた仏教文化《ぶっきょうぶんか》についての展示《てんじ》もある。
(写真提供《しゃしんていきょう》：大阪府立近《おおさかふりつちか》つ飛鳥博物館《あすかはくぶつかん》)

## 国営飛鳥歴史公園《こくえいあすかれきしこうえん》

飛鳥時代《あすかじだい》に政治《せいじ》の中心《ちゅうしん》となった飛鳥地方《あすかちほう》にあり、文化遺産《ぶんかいさん》や自然《しぜん》を保護《ほご》している公園《こうえん》。五つの地区《ちく》にわかれており、いくつもの古墳《こふん》や出土品《しゅつどひん》、飛鳥時代《あすかじだい》の壁画《へきが》の模写《もしゃ》などを見《み》ることができる。

〒634-0144
奈良県高市郡明日香村平田《ならけんたかいちぐんあすかむらひらた》538
☎0744-54-2441
(財団法人公園緑地管理財団飛鳥管理《ざいだんほうじんこうえんりょくちかんりざいだんあすかかんり》センター)
http://www.asuka-park.go.jp/

高松塚周辺地区《たかまつづかしゅうへんちく》の中心《ちゅうしん》となる、高松塚古墳《たかまつづかこふん》。1972年《ねん》に古墳内《こふんない》で彩色壁画《さいしょくへきが》が発見《はっけん》され、有名《ゆうめい》になった。
(写真提供《しゃしんていきょう》：明日香村文化財課《あすかむらぶんかざいか》)

## 『教科書《きょうかしょ》に出《で》てくる歴史人物物語《れきしじんぶつものがたり》 古代編《こだいへん》』

監修《かんしゅう》／河合敦《かわいあつし》
PHP《ピーエイチピー》研究所《けんきゅうしょ》 2011年《ねん》

弥生時代《やよいじだい》から平安時代《へいあんじだい》までの歴史人物《れきしじんぶつ》のエピソードを、イラストと物語《ものがたり》で紹介《しょうかい》。小《お》野妹子《ののいもこ》をはじめ、日本《にほん》という国《くに》をつくってきたさまざまな人物《じんぶつ》について、わかりやすく説明《せつめい》されている。

# さくいん・用語《ようご》解説《かいせつ》


飛鳥《あすか》……23、24、27、28、29
飛鳥浄御原令《あすかきよみはらりょう》……28
▼六八九年《ねん》に施行《しこう》されたとつたえられる、日本最初《にほんさいしょ》の体系的《たいけいてき》な法典《ほうてん》。
斑鳩《いかるが》……23
犬上御田鍬《いぬかみのみたすき》……25
▼六一四年《ねん》に最後《さいご》の遣隋使《けんずいし》として派遣《はけん》された人物《じんぶつ》。六三〇年《ねん》には最初《さいしょ》の遣《けん》唐使《とうし》として唐《とう》へわたった。
大臣《おおおみ》……22
大王《おおきみ》……28
下賜《かし》……26
加羅《カラ》（任那《みまな》）地方《ちほう》……27
冠位十二階《かんいじゅうにかい》……23、25、29
『旧唐書《くとうじょ》』……28
鞍作福利《くらつくりのふくり》……23、25
遣隋使《けんずいし》……23、24、25、27
遣唐使《けんとうし》……25、26、27、28
豪族《ごうぞく》……22、23、25、29
国号《こくごう》……28
国書《こくしょ》……23、24、25
高句麗《コグリョ》（高句麗《こうくり》）……23、24、27
冊封関係《さっぽうかんけい》……26、27
十七条の憲法《じゅうしちじょうのけんぽう》……23、29
儒教《じゅきょう》……23、27
聖徳太子《しょうとくたいし》……22、23、29
新羅《シルラ》（新羅《しらぎ》）……23、27
隋《ずい》……22、23、24、25、27、29
推古天皇《すいこてんのう》……22、23、24、25、29
『隋書《ずいしょ》』……25
崇峻天皇《すしゅんてんのう》……22、29
摂政《せっしょう》……22、29
蘇我氏《そがし》……22
蘇我馬子《そがのうまこ》……22、29
大化の改新《たいかのかいしん》……25
大徳《だいとく》……25
大宝律令《たいほうりつりょう》……28
▼七〇一年《ねん》に制定《せいてい》された法律《ほうりつ》。律令政《りつりょうせい》治《じ》をおこなう基本《きほん》となった。
高向玄理《たかむこのくろまろ》……25
▼渡来人《とらいじん》の子孫《しそん》で、六〇八年《ねん》に留学生《りゅうがくせい》として遣隋使《けんずいし》とともに隋《ずい》へ行《い》った。
中華思想《ちゅうかしそう》……26
長安《ちょうあん》……23、24
朝貢《ちょうこう》……26、27
朝廷《ちょうてい》……22
天子《てんし》……24
唐《とう》……25、27
渡来人《とらいじん》……25
▼四～七世紀《せいき》ごろに、中国大陸《ちゅうごくたいりく》や朝鮮《ちょうせん》半島《はんとう》から日本《にほん》へわたってきてすみついた人《ひと》びとのこと。漢字《かんじ》や仏教《ぶっきょう》・儒《じゅ》教《きょう》といった文化《ぶんか》、農耕《のうこう》や製鉄《せいてつ》の技術《ぎじゅつ》、土器《どき》や絹織物《きぬおりもの》のつくりかたなどを日《に》本《ほん》につたえた。
難波津《なにわづ》……24
▼古代《こだい》、大阪湾《おおさかわん》にあったとされる港《みなと》。中国《ちゅうごく》や朝鮮《ちょうせん》からの使者《ししゃ》をむかえるなど、大陸《たいりく》との交流《こうりゅう》の拠点《きょてん》となった。
南北朝時代《なんぼくちょうじだい》（中国《ちゅうごく》）……27
『日本書紀《にほんしょき》』……25、28
裴世清《はいせいせい》……24、25
仏教《ぶっきょう》……23、25、26、27、29
文帝《ぶんてい》……22
百済《ベクチェ》（百済《くだら》）……23、24、27、29
南淵請安《みなぶちのしょうあん》……25
▼渡来人《とらいじん》の子孫《しそん》で、六〇八年《ねん》に遣隋使《けんずいし》とともに留学《りゅうがく》した僧《そう》のひとり。
旻《みん》……25
▼六〇八年《ねん》に留学僧《りゅうがくそう》として隋《ずい》へわたる。帰国後《きこくご》、中大兄皇子《なかのおおえのおうじ》らに学問《がくもん》を教《おし》えた。大化《たいか》の改新後《かいしんご》は高向玄理《たかむこのくろまろ》とともに国博士《くにのはかせ》となり、政策《せいさく》を立案《りつあん》した。
矢田部造《やたべのみやつこ》……25
煬帝《ようだい》……23、24
洛陽《らくよう》……23、27
律令制《りつりょうせい》……25
流刑《るけい》……25
▼罪人《ざいにん》を遠《とお》い場所《ばしょ》へおいやる刑罰《けいばつ》。
倭国《わこく》……22、23、24、25、27、28
倭の五王《わのごおう》……27
▼五世紀《せいき》に、中国南朝《ちゅうごくなんちょう》の東晋《とうしん》や宋《そう》、南《なん》斉《せい》などと冊封関係《さっぽうかんけい》をむすんだ、讃《さん》・珍《ちん》・済《せい》・興《こう》・武《ぶ》という名《な》の五人《にん》の王《おう》。

## ■監修

### 山岸　良二（やまぎし　りょうじ）

1951年東京都生まれ。慶應義塾大学大学院修士課程修了。東邦大学付属東邦中高等学校教諭、習志野市文化財審議会会長。専門は日本考古学。著書に『科学はこうして古代を解き明かす』（河出書房新社）、『原始・古代日本の集落』（同成社）、『古代史の謎はどこまで解けたのか』（PHP研究所）、『最新発掘古代史30の真相』（新人物往来社）など多数ある。

## ■文（2〜21ページ）

### 西本　鶏介（にしもと　けいすけ）

1934年奈良県生まれ。評論家・民話研究家・童話作家として幅広く活躍する。昭和女子大学名誉教授。各ジャンルにわたって著書は多いが、伝記に『心を育てる偉人のお話』全3巻、『徳川家康』、『武田信玄』、『源義経』、『独眼竜政宗』（ポプラ社）、『大石内蔵助』、『宮沢賢治』、『夏目漱石』、『石川啄木』（講談社）などがある。

## ■絵

### 宮本　えつよし

1954年大阪府生まれ。グラフィック・デザイナーを経て、現在は広告・児童書でイラストを手がけ、絵本作家としても活躍中。「ゆうゆう絵本講座」（きむらゆういち顧問）で講師をつとめるほか、工作のワークショップも手がける。主な作品に『キャベたまたんてい』シリーズ（金の星社）などがある。


企画・編集　こどもくらぶ
装丁・デザイン　長江　知子
D　T　P　株式会社エヌ・アンド・エス企画


## ■主な参考図書


『改訂版「日本」国はいつできたか　日本国号の誕生』
著／大和岩雄　大和書房　1996年

『古代史の謎　知れば知るほど　ロマンと抗争の古代王権盛衰劇』
監修／黛弘道　実業之日本社　1997年

『山川　詳説日本史図録』（第3版）編／詳説日本史図録編集委員会
山川出版社　2010年



よんで しらべて 時代がわかる　ミネルヴァ日本歴史人物伝

小野妹子

——海をわたった古代の外交官——

2012年10月20日　初版第1刷発行　検印廃止

定価はカバーに
表示しています

監修者　山岸良二
文　西本鶏介
絵　宮本えつよし
発行者　杉田啓三
印刷者　金子眞吾

発行所　株式会社　ミネルヴァ書房
607-8494　京都市山科区日ノ岡堤谷町1
電話 075-581-5191／振替 01020-0-8076



印刷・製本　凸版印刷株式会社

ISBN978-4-623-06412-0
NDC281/32P/27cm
Printed in Japan

よんでしらべて 時代がわかる
# ミネルヴァ 日本歴史人物伝

**卑弥呼《ひみこ》**
監修 山岸良二 文 西本鶏介 絵 宮嶋友美

**聖徳太子《しょうとくたいし》**
監修 山岸良二 文 西本鶏介 絵 たごもりのりこ

**小野妹子《おののいもこ》**
監修 山岸良二 文 西本鶏介 絵 宮本えつよし

**中大兄皇子《なかのおおえのおうじ》**
監修 山岸良二 文 西本鶏介 絵 山中桃子

**鑑真《がんじん》**
監修 山岸良二 文 西本鶏介 絵 ひだかのり子

**聖武天皇《しょうむてんのう》**
監修 山岸良二 文 西本鶏介 絵 きむらゆういち

**清少納言《せいしょうなごん》**
監修 朧谷寿 文 西本鶏介 絵 山中桃子

**紫式部《むらさきしきぶ》**
監修 朧谷寿 文 西本鶏介 絵 青山友美

**平清盛《たいらのきよもり》**
監修 木村茂光 文 西本鶏介 絵 きむらゆういち

**源頼朝《みなもとのよりとも》**
監修 木村茂光 文 西本鶏介 絵 野村たかあき

**源義経《みなもとのよしつね》**
監修 木村茂光 文 西本鶏介 絵 狩野富貴子

**北条時宗《ほうじょうときむね》**
監修 木村茂光 文 西本鶏介 絵 山中桃子

**足利義満《あしかがよしみつ》**
監修 木村茂光 文 西本鶏介 絵 宮嶋友美

**雪舟《せっしゅう》**
監修 木村茂光 文 西本鶏介 絵 広瀬克也

**織田信長《おだのぶなが》**
監修 小和田哲男 文 西本鶏介 絵 広瀬克也

**豊臣秀吉《とよとみひでよし》**
監修 小和田哲男 文 西本鶏介 絵 青山邦彦

**徳川家康《とくがわいえやす》**
監修 大石学 文 西本鶏介 絵 宮嶋友美

**細川《ほそかわ》ガラシャ**
監修 小和田哲男 文 西本鶏介 絵 宮嶋友美

**伊達政宗《だてまさむね》**
監修 小和田哲男 文 西本鶏介 絵 野村たかあき

**春日局《かすがのつぼね》**
監修 大石学 文 西本鶏介 絵 狩野富貴子

**徳川家光《とくがわいえみつ》**
監修 大石学 文 西本鶏介 絵 ひるかわやすこ

**近松門左衛門《ちかまつもんざえもん》**
監修 大石学 文 西本鶏介 絵 野村たかあき

**杉田玄白《すぎたげんぱく》**
監修 大石学 文 西本鶏介 絵 青山邦彦

**伊能忠敬《いのうただたか》**
監修 大石学 文 西本鶏介 絵 青山邦彦

**歌川広重《うたがわひろしげ》**
監修 大石学 文 西本鶏介 絵 野村たかあき

**勝海舟《かつかいしゅう》**
監修 大石学 文 西本鶏介 絵 おくやまひでとし

**西郷隆盛《さいごうたかもり》**
監修 大石学 文 西本鶏介 絵 野村たかあき

**大久保利通《おおくぼとしみち》**
監修 安田常雄 文 西本鶏介 絵 篠崎三朗

**坂本龍馬《さかもとりょうま》**
監修 大石学 文 西本鶏介 絵 野村たかあき

**福沢諭吉《ふくざわゆきち》**
監修 安田常雄 文 西本鶏介 絵 たごもりのりこ

**板垣退助《いたがきたいすけ》**
監修 安田常雄 文 西本鶏介 絵 青山邦彦

**伊藤博文《いとうひろぶみ》**
監修 安田常雄 文 西本鶏介 絵 おくやまひでとし

**小村寿太郎《こむらじゅたろう》**
監修 安田常雄 文 西本鶏介 絵 荒賀賢二

**野口英世《のぐちひでよ》**
監修 安田常雄 文 西本鶏介 絵 たごもりのりこ

**与謝野晶子《よさのあきこ》**
監修 安田常雄 文 西本鶏介 絵 宮嶋友美

**宮沢賢治《みやざわけんじ》**
文 西本鶏介 絵 黒井健

27cm　32ページ　NDC281　オールカラー
小学校低学年～中学生向き

# 日《に》本《ほん》の歴史《れきし》年表《ねんぴょう》

| 時代《じだい》 | 年《ねん》 | できごと | このシリーズに出《で》てくる人物《じんぶつ》 |
|---|---|---|---|
| 旧石器時代《きゅうせっきじだい》 | 四〇〇万年前《まんねんまえ》～ | 採集《さいしゅう》や狩《か》りによって生活《せいかつ》する | |
| 縄文時代《じょうもんじだい》 | 一三〇〇〇年前《ねんまえ》～ | 縄文土器《じょうもんどき》がつくられる | |
| 弥生時代《やよいじだい》 | 前《ぜん》四〇〇年《ねん》ごろ～ | 稲作《いなさく》、金属器《きんぞくき》の使用《しよう》がさかんになる | |
| | | 小《ちい》さな国《くに》があちこちにできはじめる | 卑弥呼《ひみこ》 |
| 古墳時代《こふんじだい》 | 二五〇年《ねん》ごろ～ | 大和朝廷《やまとちょうてい》の国土統一《こくどとういつ》が進《すす》む | |
| 飛鳥時代《あすかじだい》 | 五九三 | 聖徳太子《しょうとくたいし》が摂政《せっしょう》となる | 聖徳太子《しょうとくたいし》 |
| | 六〇七 | 小野妹子《おののいもこ》を隋《ずい》におくる | 小野妹子《おののいもこ》 |
| | 六四五 | 大化《たいか》の改新《かいしん》 | 中大兄皇子《なかのおおえのおうじ》 |
| | 七〇一 | 大宝律令《たいほうりつりょう》ができる | |
| 奈良時代《ならじだい》 | 七一〇 | 都《みやこ》を奈良《なら》（平城京《へいじょうきょう》）にうつす | 鑑真《がんじん》 |
| | 七五二 | 東大寺《とうだいじ》の大仏《だいぶつ》ができる | 聖武天皇《しょうむてんのう》 |
| 平安時代《へいあんじだい》 | 七九四 | 都《みやこ》を京都《きょうと》（平安京《へいあんきょう》）にうつす | 清少納言《せいしょうなごん》 |
| | | 藤原氏《ふじわらし》がさかえる | 紫式部《むらさきしきぶ》 |
| | | 『源氏物語《げんじものがたり》』ができる | |
| | 一一六七 | 平清盛《たいらのきよもり》が太政大臣《だいじょうだいじん》となる | 平清盛《たいらのきよもり》 |
| | 一一八五 | 源氏《げんじ》が平氏《へいし》をほろぼす | |
| 鎌倉時代《かまくらじだい》 | 一一九二 | 源《みなもとの》 頼朝《よりとも》が征夷大将軍《せいいたいしょうぐん》となる | 源頼朝《みなもとのよりとも》、源義経《みなもとのよしつね》 |
| | 一二七四 | 元《げん》がせめてくる | 北条時宗《ほうじょうときむね》 |
| | 一二八一 | 元《げん》がふたたびせめてくる | |
| | 一三三三 | 鎌倉幕府《かまくらばくふ》がほろびる | |
| 南北朝時代《なんぼくちょうじだい》 | 一三三六 | 朝廷《ちょうてい》が南朝《なんちょう》と北朝《ほくちょう》にわかれ対立《たいりつ》する | |
| | 一三三八 | 足利尊氏《あしかがたかうじ》が征夷大将軍《せいいたいしょうぐん》となる | |
| | 一三九二 | 南朝《なんちょう》と北朝《ほくちょう》がひとつになる | 足利義満《あしかがよしみつ》 |